Marion Jana Goeritz

Farbenregen

Bibliografische Information der Deutschen Nationalbibliothek:

Die Deutsche Nationalbibliothek verzeichnet diese Publikation in der Deutschen Nationalbibliografie; detaillierte bibliografische Daten sind im Internet über http://dnb.dnb.de abrufbar.

Herstellung und Verlag: BoD – Books on Demand, Norderstedt

ISBN: 978-3-7448-5453-5

Herzlich Willkommen liebe Leser,

weitere Gedanken und Gefühle füllen viele Seiten.

Der Farbenregen bringt so einiges zur Erde. Bewegtes Wasser, Farbenklang und Regentanz.

Manches zum Träumen, vielleicht auch zum Nachzudenken über die eine, oder andere Zeile.

Wie es auch sein möge, ich wünsche ihnen viel Freude beim Lesen.

Herzlichst

Marion Jana Goeritz

BEWEGTES WASSER

8

Bewegtes Wasser

Im Garten der Rosen

schimmert ein Stern hervor

er fiel mitten hinein

in ein Rosenbeet

sein Licht

dringt schon lang durch die Zeit

der Himmel

zählt die Sterne nicht

wenn am Abend die Sterne

des Himmels ihr Licht an zünden

scheint sein Licht

durch das Rosenbeet

in mein Gesicht

Und wenn des Nachts

ein Stern am Horizont verglüht

wünsche ich mir etwas

für mein Herz

das es hüpft vor Freude

wenn die Liebe es umzingelt

Wenn

aus einem kalten Stein

ein

wärmendes Herz entspringt

wenn

aus einsamen Tränen

bunte Perlen werden

wenn

durch dunklere Wolken

Sonne lacht

ein Regenbogen sich wölbt

über das Grün der Erde

dann ist die Liebe eingezogen

Träume tanzen

Gedanken kreisen bunt umher

lass sie einfach los

sie kehren zurück

um erlebt zu werden

Welt im Licht der Sonne

Schönheit der Jahreszeiten

erzählen so viel

meine Blicke

sie reisen umher

fangen so viel Gutes ein

und lassen es hoch leben

Seifenblasen

bunt und leicht

sie schweben federleicht

durch die Luft

fang sie ein wie ein Kind

Lachen ist so einfach

wenn man die Liebe fühlt

Klare Luft

sie erzählt vom Morgen

Vogelfrei

Nebelbänke des Gestern

sie waren da nur um auszuruhen

Frei wie ein Vogel fliegen
hoch oben in der klaren Luft
die Welt
erkennen wie sie wirklich ist
wunderschönes Leben

Grenzen überfliegen

Flügelschlag der Kraft

schweben

federleicht

Verbunden mit dir

Worte

erreichten mich gefühlt

zu Hause fühlte ich

es war so groß

es war mein Glaube

Irrglaube vielleicht

Die Gefühle

schweben auf

federleicht

Berührungen auf sanfter Haut

Welt im Licht

Mondlicht

scheint sanft durch das Fensterglas

Gefühle fallen in mich

ich gebe mich nicht auf

doch ich schenke mich

heute

Wie du mich siehst
eine Ahnung in mir erwacht
doch bin ich so viel mehr
Gefühle sind erwacht
nachts halten sie mich
im Licht
tanzen sie mit mir
Fragen
stellen sich nicht mehr
die Antworten
sie finde ich in mir

Bunter Kreisel der Gefühle

sie drehen sich wie wild umher

fangen ein und lassen los

Farben und Muster verschwimmen

Erwartung lebt nicht mehr

nur noch ein Gefühl in mir

das von Liebe sprach

Fantasiewelt

öffnet seine Pforten

Drachen

fliegen Wolken hoch

frei zu sein ihr Geschick

ihr Feuer

es brennt seit Jahrtausenden

verbrenne dich nicht

flüstert eine Stimme

und schon fliegt er wieder davon

Wellentanz

im großen Meer

Felsen

unbeschreiblich grün bewachsen

stellen sich der Kraft

Wellen zerschellen

und ihr Tanz scheint zu Ende

doch nur

für einen kleinen Augenblick

Die Sonne

berührt die Wolkenberge

Mond

zieht seine Kreise

in jedem Augenblick

Vogelfrei

blauer Himmel

scheint bis auf den Grund der Seele

Fantasie erweckt

fremde Gesichter zum Leben

ein Stück nur

des Weges gemeinsam gehen

viel zu lang darauf gewartet

eine vertraute Stimme erweckt

die Fantasie in meinen Gefühlen

sie erzählen so viel

was es auch immer ist

ich bleibe hier

Sternenflug
Haut spürt den Wind
der die Stimme trägt
sie erzählt so schön
von Liebe

Grüne Gipfel

im blauen Meer der Unendlichkeit

klare Luft

umspielt ihre Gesichter

ein Stück vom Paradies

wenn auch nur auf Papier

ein Gefühl der Freiheit

Fantasie schenkt Flügel

von da oben

schaut alles so friedlich aus

Fremde Welten

tanzen bis in die Nacht

lachende Gesichter

erzählen laut

Sternenmeer

es funkelt Straßen hell

fühlst du das auch

Ein Boot

es fährt über das Wasser

blauer Fluss

erzählt schon so lang

nimmt so vieles mit sich mit

was nicht gebunden ist

federleichtes Gefühl bleibt zurück

am Ufer der Glückseligkeit

Meere

erzählen von Tiefen

in ihnen uraltes Leben

es singt und klingt

bis der Mensch

es verstehen mag

Tränen

erwachen zu Perlen

samtig weiß

ein Schimmer gleitet hinüber

nimmt die Traurigkeit von Gestern

lässt sie mit dem Wind tanzen

bis sie sich beruhigt

und im Lachen wohnt

Traumland gefunden

Fantasiewelt im Gefühl

Gedanken von einst

heute sind sie hell

Träume

erzählen so viel

doch ich bin wach

wunderschöne Welt in mir

stark und doch sanft

Auf dem Vulkan tanzen

Gefühle

sprühen heiß

Drachengesicht im Anflug

mit Leichtigkeit setze ich auf

fliege weit ins Blau

Sonnenaufgang im Blick

Liebe

fühlen wo immer ich bin

Wenn

Bäume erzählen

wiegen sie ihre Blätter im Wind

sie singen ein Lied

für diese Erde

auf der sie wohnen

ein Geschenk

aus vergangenen Zeiten

lassen wir sie leben

Siehst du das Himmelblau

schaust du

zu den Schönwetterwolken

sie bringen gute Kunde

von überall her

Erdenball

spielt noch immer mit

leise

hört man Lieder klingen

Menschen

singen im Chor

wunderschön

erklingt es hier

Weiße Feder

schwebt durch klare Luft zur Erde

legt sich in das Grün

um auszuruhen

wartet auf das Licht

das durch die Bäume dringt

damit sie Wärme spüren kann

nur ein Windhauch genügt

um sie weiter wandern zu lassen

über Wasser zu fliegen

vielleicht

hinein ins Blumenbunt

weiße Feder

schwebt durch klare Luft

über die Erde

legt sich mal da und mal da hin

um auszuruhen

Wasser

umspielt Steine wild

spült sie weiter in ihrer Welt

Wasserstrudel

spülen sie frei vom klammen Sand

ihr Farbenspiel

leuchtet im Licht der Sonne

ihre Gesichter

schauen nun in die Welt

Das Sternenlicht

spiegelt sich im hellen Meer

erzählt von der Unendlichkeit

von fernen Welten

Ewigkeit

so nah

Leise

tanzen die Nebelschleier

durch das Grün

erheben sich

mit der Sonne zum Himmel hoch

morgen schon

könnten sie wieder

hier gefunden werden

doch schweben ihre Kleider empor

erblicken Augen

das Bunt dieser Erde

Musik

klingt vom Himmel

Fantasie

spielt im Gefühl

Gedanken

bunt wie nie

lassen Berührungen zu

sie wohnen nun unter der Haut

leben mit Liebe

Liebeslied

spielt ganz leise

Gefühle

im Rausch der Nacht

die Sonne

darf sie auch erleben

sie strahlt in zwei Herzen

Berührungen auf sanfter Haut

lassen Liebe leben

Magischer Morgentanz

Feen

lassen ihre Bänder

zur Sonne schweben

ihre Flügel

bewegen sie im Wind

leise

singen sie ihr Lied

bis zum roten Abend

Bunte Schleier am Horizont

sie schweben durch die Nacht

bis zum Morgenland

erzählen

vom Sonnenlicht

das sich manchmal des Nachts

auf unseren Teil der Erde verirrt

wo ward ihr noch gestern

sie tanzen vor meinem Gesicht

und lassen mich fühlen

ein Geschenk für mich

Wie ein Boot des Himmels

schimmert die Sichel des Mondes

es fährt durch das Sternenmeer

das am Abend

seine Wellen tanzen lässt

es funkelt durch die Nacht

siehst du das auch

diese Unendlichkeit im Jetzt

Tränenbach

am Ufer

erblühen Rosen rot

ein Boot

auf großer Fahrt

erzählt von einem neuen Land

Gefühl erzählt

vom neugeboren sein

Fragenspiel

spontane Antworten schwer

Gefühle

erzählten so viel

Und das weiße Blatt Papier

es trägt meinen Namen

deine Gedanken

sie folgen mir

wenn auch eine kleine Träne

die Schrift verschwimmen lässt

ich lese

was du geschrieben hast

du erzählst von Gefühlen

die dich des Nachts besuchten

von Schmerz

der dich nicht schlafen lies

von Liebe

die du nie erlebtest

weil du deinen Mut nicht fühlst

du schreibst

von Angst und fühlst dabei

das lese ich dann auch

das sie genau

in diesem Moment vergeht

und du bist frei

ein Lachen

auf meinem Gesicht

tief aus meiner Seele

besucht es mich

um für immer zu bleiben

und ich fühle dich

nun endlich glücklich

wir begegnen uns

wenn die Zeit es will

und wir werden uns erkennen

wie viel Zeit auch vergangen ist

Weißt du

wo deine Sehnsucht wohnt

wo sie das Weiß

in ein Farbenmeer verwandelt

schaust du manchmal auch

in das Himmelblau

siehst dein Luftschloss

in einer Wolke schweben

fragst du dich dann auch

wenn es für dich Herzen regnet

fühlst du dich dann

und spürst die Zuversicht

tief in deiner Seele

das alles einen tieferen Sinn hat

weißt du

wo deine Sehnsucht wohnt

und warum sie dich ruft

ihre Stimme

manchmal leise

und manchmal lauter erklingt

es sind die Rufe

aus lang vergangener Zeit

sie möchten dich erinnern

Es gibt ein Land

dass Seele heißt

es wohnt

ganz tief in dir

im Frühjahr

wenn die Sonne steigt

fühlst du die Liebe

immer noch in dir

das Bunt der Blumen

bis zum Sommer

das Grün der Bäume

hin zum Herbst

das Gold der Blätter

das sie tragen

bis der erste Wind mal fegt

und tanzen sie vor deinem Auge

das Kind in dir es lacht so schön

es schaut hinauf zum Himmelblau

wo ein bunter Drache

seine Runden zieht

der Regen

der die Felder tränkt

der Schnee

der alles ruhen lässt

das alles

und noch so viel mehr

erzählt dir das Land

dass Seele heißt

Das Heute

umwerfend schön

gemalte Formen

spielen mit den Farben

für ein umwerfendes

schönes Morgen

dem ich vertrauen darf

Liebe

Leise Töne
erklangen am Abend
lebendig sein
an jedem Tag
sonnige Regentropfen
erzählten in Farben
Schleier
berührte sanft der Wind
Gedanken
sanken sacht hinein
in eine Zeit der Stille
manchmal
ruhte auch das Gefühl
im Wandel
reisten diese Ströme
durch ein Land
das neu mir war

Fragende Gesichter

sie waren auf Wegen

sie spielten mit denen

die sich nicht kümmerten

die Zeit

war heilig für den einen

der andere

verstand es nicht

Auf schmalen Pfaden

gehen die

die wissen wohin sie wollen

oder die

die sich verlaufen haben

vielleicht auch jene

die noch nicht entschieden haben

Dies Herz

fand ich auf meinem Weg

verloren

und einsam schien es

farblos

und unbeachtet bisher

drückte sich seine Haut

auf die der Mutter Erde

das Gesicht

zur Sonne

und mein Blick verfing sich

in seiner Form

wie schön du doch bist

flüsterte ich

so hob ich es auf

und meine Hände

hielten etwas zauberhaftes

es war

als wäre ein Zeichen

vom Himmel gefallen

mitten auf meinen Weg

Die Schleier

der Nebelbänke

verhüllen

das Gestern noch immer

doch reisen sie

durch den Tau des Morgens

wird aus stumpfen Perlen

ein Zauberlabyrinth

erheben sich die Schleier

im Schein der Sonne

wird ein

neuer klarer Tag angebrochen sein

Perlentaucher

im Blau des bewegenden Wassers

durch das Bunt

der Unterwasserwelt

auf leichten Wegen

zurück zum Licht

einen Schatz geborgen

mit beiden Händen

im Glanz der Sonne entkleidet

und strahlend schön

beginnt ein neues Leben

im Hier und Jetzt

Himmelszelt

dein Leuchten ist ein Wunder

viele Sterne schimmern hell

erzählen meiner Seele viel

erinnern an so manche Liebe

doch nur eine will ich sehen

eine die mich nicht erreicht

und doch in meinem Herzen wohnt

schon seit vielen Jahren

Silbern

fühle ich deine Flügel

leuchtend hell in dunkler Nacht

wärmend

schmiegen sie sich an meine Haut

meine Seele wird bewacht

Wenn das Bunte

vom Tag schlafen geht

eine sternenklare Nacht erzählt

Farben meiner Seele malen

Bilder meines Herzens

mein Bauch

nur ahnt der Morgen kommt

mein Kopf

doch ruht auf einem Kissen

weich gebettet

nicht hellwach

er ruht sich aus

für den Morgen

wo er auch wieder

neu empfangen darf

Das Farbenspiel

in tiefster Seele

Wolken weiß und Sonnenlicht

schimmert golden in den Augen

fühlst du dieses Liebeslicht

der Maler

dieser frohen Farben

er führt den Pinsel in der Hand

so streicht er glücklich in der Seele

fühlt in sich ein buntes Band

hell zur Sonne seine Augen

glitzernd schön im Abendlicht

so ein Maler in der Seele

ist ein jeder

der mit seiner Seele spricht

Sonnenfängerin

dein Blick geradeaus und klar

die Erde

die dir zu Füssen liegt

bestimmt deinen Gang

kein Weg ist dir zu weit

Sonnenfängerin

nun ist deine Zeit gekommen

du wirst sie für dich nutzen

für dein gutes Ziel

das deinem Auge nie verloren ging

dein Herz ist offen

dein Verstand geschärft

es ist dein Weg

der dich führt

in deine Zukunft

mit viel Gefühl

das dir erzählen wird

von Mut und Liebe

und du wirst wissen

du bist da

Im weichen Seelenmäntelchen

ein Saum aus reiner Seide

er glänzte in einem schönen Ton

hielt ab

so manches Wort

es flog zurück auf seinem Weg

die Seide jedoch

nicht unversehrt

das Mäntelchen

es war zu offen

heute

trage ich es noch immer

manchmal offen

mehrmals zu

sechs Knöpfe

hielt der Saum

ganz unbescheiden

68

zierten sie

den Stoff ganz nah am Saum

warum

kann keine Perle

ein Knopf mal eben sein

fragte mich mein Seelenkind

das da saß allein

ich schaute es an

und sagte ihm

zu viele Tränen

wohnten schon in ihm

darum sollten es Knöpfe sein

die da leben schön

manchmal offen

einmal zu

Schattenspiel

auf weißer Wand

es bewegt sich

meine Hand auf und zu

ihre Stimme spricht leise

aber bestimmt

ein Lachen

bricht aus mir heraus

was fremd mir schien

habe ich mir erspielt

nun fühle ich mich wieder

in mir

mein glückliches Kind

Ein Fensterblick

hinaus zur See

Schiffe

fahren weit

Gedanken

sinken bis zum Grund

Gefühle

tauchen ein

ein Blick

hinauf zur Sonne hell

bewegt

doch wärmend auch zu gleich

ein Fensterblick

genügt wohl schon

alles ist erreicht

So erkannte ich mich
alle Farben meiner Seele
gemalt auf weißen Grund
sie mussten mir
nicht mehr erzählen
ich fühlte mich gesund

Deine Gedanken

sie kreisen nicht mehr

sie hatten eine Landebahn

mitten ins Gefühl

Das grüne Licht des Waldes

es leuchtet auch die Erde hell

schenkt Heimat

manchen Seelen

wie ein Smaragd

so hüten wir das Licht

in unseren Graden

Höre ihnen nicht zu

wenn sie meinen

du schaffst das nicht

fühle dein Herz

und was deine Seele zu dir spricht

höre nicht hin

wenn sie leise sprechen

fühle dein Herz

es weist dir deinen Weg

höre ihnen nicht zu

wenn sie meinen

du warst die die gegangen war

fühle dein Herz

und was deine Seele spricht

sie spricht mit dir

gehe deinen Weg

und gehe ihn mit mir

fühle dein Herz

es weist dir den Weg in die Liebe

in die Liebe zu dir selbst

und zu dem

der zu dir steht

höre ihr zu

deiner Seele

Deine Seele

ein Tagebuch für mich

Geheimnisse

werden laut

Worte

oft erzählt

Stimme versagte in alten Tagen

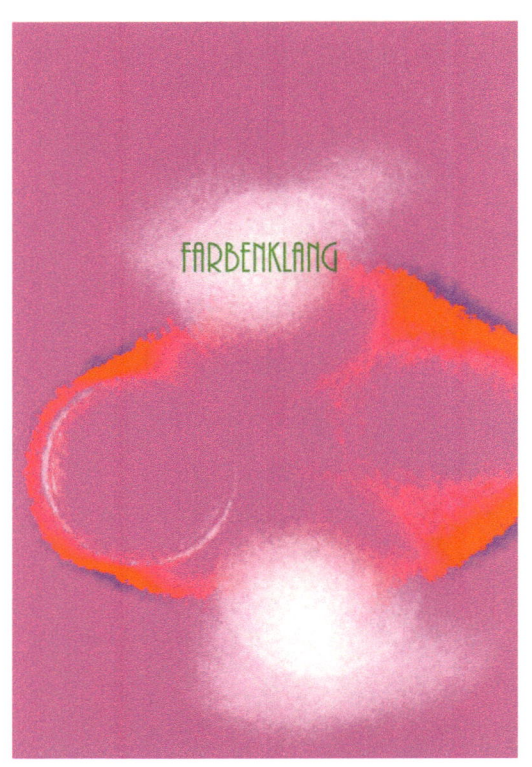

FARBENKLANG

78

Farbenklang

Herzlich Willkommen liebe Leser,

das Leben begegnet uns in vielen Farben und jede von ihnen erzählt von ihrem eigenen Ton.

Violett zum Beispiel, ist eine Farbe, die für mich nach der Anbindung an die Geistige Welt klingt.

Musikalisch würde ich diese Farbe bei der Meditations- und Entspannungsmusik sehen. Ein Rosa dagegen fühle ich als ein Liebeslied, das zart anklingt. Und so wie diese Farben ganz unterschiedlich sind, sind es auch die Gedanken und Gefühle in diesem Buch.

Beim Lesen wünsche ich ihnen viel Freude.

Nicht im Abseits
mitten auf der Bühne
treffe ich mich selbst an
erzähle Geschichten von gestern
die mich lehrten
zu mir zu stehen
nicht nur halb
sondern ganz
sie nahmen mir dass
was mich nicht zeigte
und schenkten mir
einen Weg
den ich gehen musste
der mich aber dahin führte
wo ich heute bin
bei mir

Wenn der Weg zu schmal
die Straße zu breit
die Gasse dir zu eng erscheint
halte inne und warte ab
es ist noch nicht an der Zeit
dich auf deinen Weg zu begeben
wenn du in dir
den Aufbruch spürst
leg los
und beginne
deine Veränderung zu leben

Du kannst deine Geschichte
drehen und wenden
du kannst sie dir einrahmen
du kannst sie aber auch beenden
und einfach
einen anderen Weg wählen

Das was du zeigst

ist nicht das

was du bist

du willst die Veränderung

dann tu es jetzt

Ist es nicht immer so

den anderen

scheint es viel besser zu ergehen

dein Blick

war unkontrolliert unterwegs

halte ihn bei dir

schau auf dein Leben

dass was dich immer wieder pickt

möchte erkannt

und verändert werden

nur das

musst du verstehen

Ohne einen Funken
gibt es kein Feuer
ohne einen Stups
keine Veränderung
es sind die alten Krusten
sie liegen in Spalten
damit das Neue
gesehen werden kann

Es sind nicht die Züge

die zu schnell fahren

es ist deine Langsamkeit

ja

du sollst gut überlegen

doch meinst du nicht

es ist an der Zeit

dich zu erklären

damit man dich

auch verstehen kann

Diese Ideen der anderen

warum

konnten sie mich nicht besuchen

erkenne mich nicht

im Gewühl der Zeit

muss mich anders versuchen

ich halte inne

und schaue auf mich

nun sehe ich auch

dass ist mir wichtig

etwas anderes nur Pflicht

Diese Bilder in meinem Kopf

klingen wie Zukunftsmelodien

schwinge ich einfach nur mit

oder lasse ich mich hängen

entscheiden

ist nicht so mein Ding

doch wie wird es dann werden

diese Frage

stelle ich lieber nicht

ICH

werde wohl nicht sterben

doch freuen

kann ich mich irgendwie nicht

vielleicht

sollte ich doch endlich WERDEN

dass ich mich

glücklich fühlen kann

88

Es sind die Kompromisse

die mich ängstigen

es sind die anderen

nicht ich

es ist ein Leben ohne Limit

bisher gewesen

doch fühlte ich mich nicht

sollte ich denn

wirklich etwas verändern

sollte ich

wirklich einen neuen Weg gehen

wenn ja

wie soll ich den denn bloß finden

ich glaube

ich bleib lieber stehen

was war dass

ich fühlte gerade etwas tat weh

nun sehe ich mich laufen
auf einem neuen Weg

Streng genommen
kannte ich mich gar nicht
streng genommen
wurde ich ja erst
angekommen
später als die anderen
aber
es hat sich gelohnt
wie man sehen kann

Bist du bereit

zu verzeihen

bist du bereit

weiter zu gehen

hast du die Zeit geteilt

damit

deine Seele heilen kann

Es läuft

der Mensch in einem Rad

er lässt sich

viel erzählen

dabei weiß er doch genau

er muss auf seine Seele hören

die ihn führt

hin zu seinem Leben

Lass die Welt

in Ruhe schweben

im All der Möglichkeiten

du

hast doch deinen eigenen Weg

der für dich

so viel bereit hält

Schon

das kleinste Fünkchen Hoffnung

wächst zu einem Grün

und wenn dein Weg

es für dich vorsieht

wirst du es auch sehen

es wird dir schenken eine Ruhe

es wird dir schenken eine Kraft

es wird dir schenken gute Dinge

die du dann größer machen darfst

Halte inne und beginne

mit einem einzigen Gedanken nur

ehrlich gedacht

lacht er dir zu

du schenkst ihm Aufmerksamkeit

er lässt sich sanft in das Gefühl

du spürst

zu spät ist es nie

Alte Wege

ausgefahren

bleiben auf der Strecke

neue Wege

super sanft

sie bringen dich zu mir

es darf ein Mensch

den Himmel wünschen

der ehrlich sich auch zeigt

Ist etwas daneben gegangen

und du entschuldigst dich

wirst du

eine zweite Chance bekommen

ist dein "Verzeih mir"

ehrlich gemeint

die Zeit wird es zeigen

glaube mir

Farbenklang

bunte Welt

ein Schatten

schon einer zu viel

verstehen

kann ich nicht

weil du dich

viel zu wichtig hältst

es gibt so viel

zu entdecken

zwischen dir und mir

doch du willst nur

und das ist nicht meins

Worte

bleiben still

sie entdeckten zu viel

sie verletzten

im Augenblick des Vertrauens

es wird kein Neuanfang geschenkt

du fühlst

es war einmal

Du hast die Wahl

zwischen laut und leise

bunt oder schwarz weiß

ist manchmal

auch der Schatten größer

du hast eine Wahl

zwischen allein

oder gemeinsam

ob positiv denken

oder Gram

Manchmal

glaubte ich

das bist nicht du

manchmal

glaubte ich nicht

was ich sah

manchmal

wünschte ich mir

du wärst so wie ich

ehrlich

friedlich und mehr authentisch

und dein Gefühl des Verletzens

wandelt sich

in ein buntes Blumenmeer

das du gern schenktest

Lange Schatten brachen
an einem kurzen Tag
es fühlte sich an
wie ein Lichtermeer
tanzte durch die neue Welt
in mein neues ich
das ich nicht mehr
verstecken brauch
Farbenspiele
an einer kalten Wand
liesen nichts mehr übrig
von dem kann ich nicht
alles ist möglich
einfach nur
weil ich es so will

Die Liebe deines Lebens
hast du sie gefunden
ist sie bei dir in diesen Stunden
lässt sie dein Herz hoch leben
deine Seele erstrahlen
hat sie deine Farben gewählt
oder hat sie dich angemalt
das wüsste ich so gern

Wo bist du

Gefühle erzählen schon

Fragen

noch unbeantwortet

was denkst du dir

ich gebe nicht nach

nur weil es dir gefallen könnte

habe meine eigenen Gefühle

die mich führen

hin

oder weg zu dir

Unendliche Träume

schweben im hellen Licht

sie kommen näher

erzählen

nur von dir erzählen sie nicht

kein Platz mehr frei

in meinem Herzen

es hat nie angefangen

du selbst

warst die Lüge

Ich schreibe dir

deine Gefühle ins Licht

dort wachsen sie fort

bis du gewachsen bist

es wird nicht mehr lange dauern

dann fühlst du dich

im Gestern verloren

doch nicht vergessen

das es etwas gibt

das Liebe spricht

Du darfst wissen
ich erinnere mich
an jedes Wort von dir
an das Gefühl
dass es in sich trug
auch an den Schmerz
der mich tief in der Seele traf
an dein Lachen
an meinem traurigsten Tag
es waren Engelslichter
die meine Liebe
zu mir stärkten
dein Gesicht zu vergessen
das sich nie zeigte
ein unwahrer Weg
der sich im Nebel versteckte
zeigte sich mir

als ich dich so sehr wollte

doch ich erschrak

und kehrte um

als noch Zeit war

Schreibe deine Zeilen in Rot

schreibe jedes Wort so

das es dir hilft zu verstehen

keine Lügen leben wahr

doch die Worte bleiben auf Papier

und hast du noch einmal die Wahl

wäre es doch schön

du verstehst

bevor du gehst

Ich wünsche mir des Nachts
auf einem Regenbogen zu tanzen
die Farben zu stehlen
und in mein Leben zu pflanzen
die unzähligen Sterne
einfach mal zählen
und ich wünsche mir auch
ich kann wieder stehen
am Morgen danach

Menschen zu ändern

was denkst du dir

dein Leben gehört nur dir

erkläre dich so gut es geht

denn niemand

sollte dich so gut verstehen

wie du dich selbst

Viele Jahre sind vergangen

dein Lachen

ist nicht verstummt

du bist auch reifer geworden

hattest dich versteckt

im Land der Einsamkeit

hast du gewohnt

du warst dort nicht allein

doch hast für dich dann

doch erkannt

das kann es gar nicht sein

du fandest

die Straße die Sonne hieß

du warst auf dem Weg hinaus

da traf dich ein Engel

und nahm dich mit

setzte dich einfach aus

die Sonne

lachte in dein Gesicht

Menschen

die dich grüßten kanntest du nicht

doch das änderte sich ganz schnell

heute lebst du nicht allein

und die Freude

ist dein Freund

Schlüpf doch einfach in deine Haut

sie gehört zu dir

fühle dich

und du wirst spüren

es ist gar nicht schwer

die Liebe

ist bei dir

Ich kenne deinen Namen

doch ich finde dich nicht

es sind die Geschichten der anderen

die sich in meinen Kopf platzieren

sie erzählen über dich

kein Verlangen

das kennst du wohl nicht

du bist mit vielen zusammen

doch du kennst

dich nicht

suchst immer

nach neuen Wegen

deinem Charme noch nie erlegen

zeige ich dir

wie es anders sein kann

ich weiß es tut weh

doch es wird

nicht mehr lange dauern

du wirst erleben

Mut zahlt sich aus

auf guten Wegen

Es ist das Wort

Liebe

das mich stark macht

es ist das Gefühl

das mich erstrahlen lässt

Seelentief und Herzensweit

erfüllt sich meine Welt von Glück

mit Zauber

der Magie enthält

fühle ich mich endlich frei

von dem

was mich bedrückte

Ruhe dich

von deinen Tränen aus

in einer Geborgenheit

aus Licht

fühle deine Seele dort

damit sie dich auch führen kann

in deine neue Welt

die schon auf dich wartet

den Weg den wirst dahin finden

reichst du deiner Seele

auch die Hand

hältst du sie fest

wird sie dich auch immer lieben

es ist deine Zeit

nicht irgendwann

schon heut

Unsere Welten

trafen sich auf dieser

Fremder

wer warst du

hast mich nicht mehr ruhen lassen
auch in der Nacht

fühlte

wenn du mich brauchtest

Worte

fandest du nicht

doch dein Gefühl

sprach Bände voll

mutig w

warst du wohl nicht

verstecktest dich vor mir

das Licht entdeckte dich

führte dich zurück zu dir

Schreibe in die Seele

Liebe

erzähle der Seele

Liebe

berühre die Seele

Liebe

wir haben uns erkannt

Sprich mir von der Seele

berühre meine Seelenhaut

lass dich fallen

mit offenen Seelenmantel

er fängt dich auf

wie weit du dich auch fallen lässt

er ist der Fallschirm

in deiner Nacht

122

Es ist deine Liebe

die mich immer wieder

versucht zu holen

sie möchte

das ich mich entscheide

für dein ICH

wenn du einmal nur

mir wirklich sagen würdest

was dich nicht schlafen lässt

vielleicht

könnte ich etwas für dich tun

es ist dein Wille

mich zu treffen

mitten ins Herz

nicht mich wirklich zu lieben

du willst Schmerz

doch damit diene ich dir nicht

du sagtest
du wärst nicht alleine
und trösten
kannst du mich da nicht
ich fühlte deine Lüge
und wandte mich ab von dir
und deinen Gefühlen

Und ich sah

ein Farbenmeer

in jener Nacht mit dir

und ich fühlte

gar nicht mehr

die Erinnerung in mir

sie war aufgelöst

in rot und grün und gelb

und wahrscheinlich

malte irgendwer

diese Farben in seine Welt

Nach so vielen Jahren

doch noch erwacht

nach so vielen Jahren

erkannt

du weißt nichts über dich

so fühle ich es

doch ich weiß dafür umso mehr

Noch fühle ich nichts
von dem was kommt
ich warte auch nicht darauf
ich lebe mein Leben
so wie es kommt
und mache das Beste daraus

Und in jener Nacht des Nebelfeuers

da flogen sie davon

man nahm ihnen die Erinnerung

sie wurden nicht belohnt

in den Flammen

die wie Schleier

sich bewegten mit dem Wind

da flogen sie weit in die Ferne

und nichts davon erzählt

es waren

die Geister des Flammenmeeres

sie wohnten zu lange hier

und seit jener Nacht des Nebelfeuers

war keiner jemals wieder hier

über alle Meere fahren

alle Flüsse sehen

alles Leben akzeptieren

was nicht ist

auch sehen

finden

im suchen begründen

suchen

wenn nichts mehr geht

doch wenn ich glaube

zu haben

kein Zweifel sich in mir regt

es nicht mehr missen

auch das

was noch nicht bei mir war

doch es vergessen können

dass was nicht wirklich wahr

es singen und spielen

das was berührt

es wollen und fordern

nichts ist passiert

Es ist die Farbe

der Seele

die trägt auch

der Stein

sie durchdringt die Gefühle

lässt mich ruhiger sein

und wenn ich es wollte

wäre es geschehen

und wenn ich es vermisste

wäre es geschehen

und wenn ich betrüge

dann doch wohl auch mich

doch ich glaube

das alles wollte ich nicht

Es kam mir vor

das Leben

langweilte sich mit mir

scheinbar

blieb nichts Stein auf Stein

war die eine gefühlte

Katastrophe gerade beendet

fand sich schon die nächste ein

was konnte ich dagegen tun

als in den Seilen hängen

und träumen

würde es nicht sowieso so kommen

wie ich es nicht wollte

der Staub

der Steine flog umher

setzte sich auf meine Haut

ich konnte einfach nicht mehr

die Hoffnung am Boden

das gab es noch nie

wie sollte ich leben

im jetzt und hier

doch es kam die Lösung

und sie hieß Grün

Der Ton macht die Musik

und dein Ton machte Wellen

sie schlugen hoch

und meine Antennen richteten sich
anders aus

Ein perfekter Tag
du bist an meiner Seite
und erzählst
von deinen Träumen
die auch meine sind
es gibt kein Entrinnen mehr
ein gemeinsamer Nenner
ist längst gefunden
Kompromisse für die Liebe
nicht bereut
denn was wir immer wollten
ist ein wir

Befangen
nicht gut genug zu sein
standest du auf
hast dich neu erfunden
heute lebst du auf
deine Welt ist bunt

Frage dich

nach dem Warum

eine andere Welt nicht zu wollen

da gibt es einen Grund

kein Gedanke macht fremd

nur ein Gefühl

Du meinst

du würdest dich

unter Wert verschenken

du hast mehr

als ein paar Dutzend Frauen geliebt

die Liebe

ich habe sie nie gefühlt

dafür gab es einen Grund

du warst nie der Mann

den ich wirklich wollte

du hast manipuliert

dich eingeschlichen

in mein Gefühl

doch ich fühlte

von Anbeginn die Lüge

nur glaubtest du nie

das ich sie fühle

dumm gelaufen für dich
heute bin ich froh
das ich nicht eine von ihnen war

Farbenspiel Seelentief

kein proben

alles live

zur Musik leuchten sie auf

wie ein Stern

der vom Himmel fällt und verglüht

nur wir sind wichtig

im Rausch des Farbenspieles

nicht irgendwann

schon heute spielen wir ernst

es darf nicht sein

was nicht sein darf

doch wir halten nicht mehr dagegen

nichts läuft schief

heute sind wir auf der Startbahn

die so viel neues verspricht

und wir scheuen uns nicht

irgendwann zu landen

es wird gut gehen

das fühle ich

du wirst sprühen in unserer Welt
wie noch nie in deinem Leben

und ich werde tanzen

im Farbenspiel

das für immer anhält

Frecher Mann

wo kommst du her

sprichst mit meinen Gefühlen

als wenn nichts wäre

keine Scheu

vor der Wirklichkeit

so schlimm

kann es doch gar nicht werden

da sind wir doch schon lange durch

hast gespielt

und du hast verloren

doch du fühlst

es ist etwas geschehen

das du so nicht kanntest

etwas in dir

wollte schon immer leben

doch du hast es dir verboten

143

nun steckst du mitten drin

und hoffst

das es vorüber geht

doch ich sage dir

sprich die Wahrheit aus

es kann sonst nicht werden

wie es richtig wäre

fühle die Zeit ist reif

keine Liebe

ist nicht die Lösung

deine Seele

führt dich dorthin

wo du hingehörst

egal

was auch geschehen mag

es gehört zu dir

Du brachtest mich

zu mir zurück

ohne zu wissen

was wirklich zählt

schenke ich mir

ein Wort der Wahrheit

ohne dich

scheint alles leer

Zweifel verglühen

im Spiel der Liebe

zu schwer damit zu spielen

aus Spiel

kann so schnell ernst werden

doch was wäre dann

Die Musik sie lädt ein

um dich alles so zu sehen

wie es dir gerade angenehm

einmal traurig schön

um dann wieder

ein Lachen zu sehen

sie erzählt Geschichten

von dir und mir

sie lässt fühlen

was uns wichtig wäre

wäre da nicht die Angst

sie braucht noch ein Lied

um sich aufzulösen

Springe in dein Leben

tanze darin auch im Regen

es wird dir zeigen

du kannst stark sein

wenn du es willst

um Gutes zu beweisen

fühle in dich hinein

und spüre die eine Wahrheit

springe aber nicht zu weit

sonst überspringst du die Zeit

und kommst nicht in das Leben
das zu dir gehört

Fremde Augen

erzählen von Leben

die sie selbst erwählten

sie strahlen weit

über die Grenzen hinweg

füllen fremde Länder mit Liebe

sprechen von Lebensglück

fremde Augen

haben auch wir

Schräge Gedanken
kommen wieder in die Vertikale
wenn man ein paar Schritte geht
oder sich niederlegt
und überlegt

Die Strahlen der Sonne

erzählen von Wärme

das kühle Licht des Mondes

lässt mich manchmal

zweifeln daran

doch schaue ich

in das Blau des Himmels

sehe ich manchmal beides

und frage mich

wie das wohl sein kann

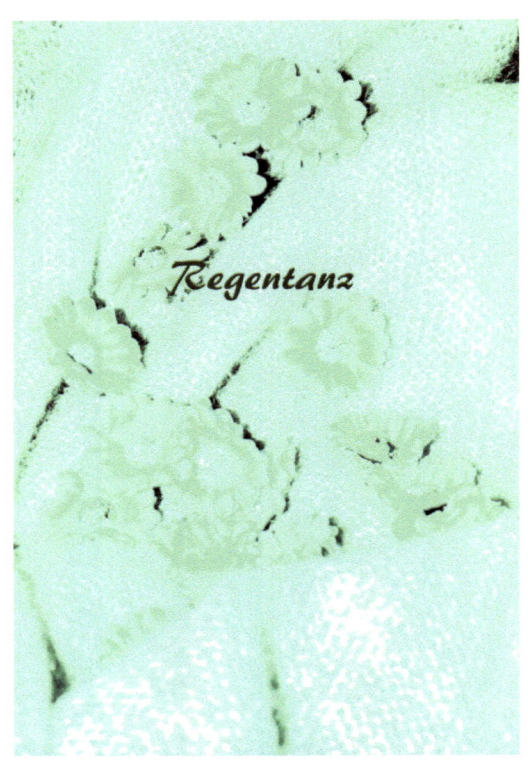

Regentanz

152

Regentanz

Herzlich Willkommen liebe Leser,

Manchmal tanzen wir im Regen
und ein anderes Mal
halten wir inne.

Wie das Leben uns auch begegnen
wird, machen wir doch das Beste
daraus.

Beim Lesen und Nachdenken viel
Freude.

Ich drehe ab

und springe ins Leben

mittendrin

und nicht mehr daneben

keine Geschehen

war bisher umsonst

weiß nun endlich

es hat sich gelohnt

es sind die

fremden Farben nicht wert

das man sich mit ihnen färbt

Springe hinein

in den Farbentopf

schwimme mich frei

wie gut das tut

meine Seele

sie schüttelt sich wach

alle Farben

sie schwingen ab

und zeichnen meine Wände bunt

ein Farbentopf

der sich lohnt

Träumte

von einem Tag am Meer

sah den Wellen zu

sie wogen sich zum Ufer hin

wo ich mich verlor

neue Kraft

ich fühlte gleich

das wird ganz Besonders sein

das alte ICH es gibt es nicht mehr

ich träumte neu

alles wahr

Richtig laut Musik im Ohr
tanzen ohne Ende
einfach mal die Seele hören
zwischen hohen Wänden
sie spricht mit mir
erzählt so viel
das alles zur Musik
und wenn ich einmal sterben muss
dann nicht ohne Beat

Lasse doch einfach
den Regen tanzen
er fällt
und doch tut es ihm nicht weh
schnelle Schritte
bringen dich vorwärts
doch ob es
in die richtige Richtung geht
das weiß niemand
außer dir

Du bist dein Pilot

an allen Tagen

du startest

wenn du es für richtig hältst

du fliegst wohl erst in den Süden

wenn der Norden dir nicht gefällt

Du hast die Wahl

in deinem Leben

Liebe oder Hinderniss

du hast dir noch nicht viel zu sagen

ich glaube

dass das nicht richtig ist

fragst du dich

nach deinen Gefühlen

ruhst du in dir

auch in der Nacht

glaubst an dich

an deine Taten

und spürst du dich

egal was ist

160

Höre auf
mit dem Verlieren
mit dem Gewinnen
um jeden Preis
öffne dich
für deine Seele
seelentief und seelenweit

Dringe in deine Gefühle ein
erkunde sie genau
frage sie nach ihrem Gang
damit du ihr gut folgen kannst

162

Im Gestern

das Morgen gefunden

im Heute

die Erinnerung

Fragen

werfen so manches auf

manchmal

schmerzen sie auch

doch ohne Antworten

bleibt das Leben

im Gefühl irgendwie verkehrt

und dass ist

was doch keiner von uns will

steig ein in deinen Blitz

und fahre so schnell du kannst

es gibt nichts

was wir nicht schaffen können

und haben wir die Antwort dann

wird alles leichter werden

Habe Mut zur Wirklichkeit

nichts wird geschönt

alles in echt

keine neuen Lügen mehr

und doch liebenswert

du bist gewachsen

Deine Bilder im Kopf

sie schwirren seit Tagen umher

finden noch keinen Halt

keinen Platz

wohin sie gehören könnten

deine Bilder im Kopf

woher kamen sie

Du kennst mich noch lange nicht

weißt nicht

was mich glücklich sein lässt

kennst vielleicht

noch nicht einmal meinen Namen

was ich glaube

kannst du nicht unterstreichen

nur ist es

bei mir ähnlich

Er muss ja nicht lernen

wo sollte ich denn auch warten

unter freien Himmel

keine Lust dazu

Frage deine Liebe
ob sie für immer sein will
dein Herz
ob es schlägt nur für sie
finde heraus wie es sei
wenn nur ihr beide wärt
und würde es so sein
halte sie
und wiege sie auch in deinem Arm
nie wieder wirst du alleine sein

Keine Dinge
geschehen einfach nur so
nichts ist in Stein gemeißelt
was du nie wirklich gefühlt
neue Gedanken erfrischten dich
doch was ist davon noch übrig
im Gefühl
manchmal viel Angst
kein guter Ratgeber
wenn du mich fragst
sprich darauf los
liebenswerter Mensch
es wird jemanden geben
der auch dich versteht

Erkenne deine Angst

stelle dich ihr

sei kein Mensch

der das Wachsen ignoriert

ich weiß

alles

braucht Zeit

alles

hat seine Zeit

Wenn

dein Wille siegt

wohin

wird er dich führen

es gibt kein zweites Paradies

Alarmsirene
mitten am Tag
fühlten sie die Liebe groß
aufgewacht
nicht einfach so
der Himmel
wacht auch über sie

Jeder Tag mit dir
schenkt mir neue Ideen
deine Gefühle
erzählten so laut
fand den Seelendraht
der heute noch glüht
doch eben anders als zuvor

Gewachsen in den Jahren
nichts mehr bleibt
so wie es einmal war
und doch erzählt dein Kind
ist das nicht wunderbar

Wolkenfrei

und doch der Himmel ist besetzt

Geigen

spielen wortlos schön

kein Gedanke wird versagt

alles Gefühl

ernährt die Liebe

Ich schreibe

mich nicht leer

dich aber voll

deine Liebe

zu dir selbst

sie wartet schon längst

Nähe

für dich ein Graus war

doch sie ist erlebbar für dich

wenn du es schaffst

über das zu sprechen

was dir wichtig ist

Fenster öffnen sich

war eine Tür gerade zu

Gefühle drehten sich

nun wirst du

neu anfangen müssen

einmal

nur vergessen was war

das ist schon zuviel

doch auch wünsche mir das für uns

keine Erinnerung

ohne ein wir

Graue Stadt

neu angemalt

kalte Gefühle

erwärmt

weil nur ein Gedanke erzählte

von Liebe

Visionen

fanden einen Weg

Gesichter

freundlich im Gemenge

eines davon warst du

fand es am Nachthimmel

doch berühren

darf ich es nicht

Worte

sprechen nicht aus dem Mund

nur Seelentief

Weites Land

in deiner Seele

Lichter erhellen die Nacht

freundlich hell

dein Gesicht

erzählt

noch nicht so viel

doch es spricht

vom Lernen

das es dir wichtig ist

und du sollst wissen

wie schön ich das finde

Deine Welt

ist ein großer Jahrmarkt

bunte Bilder jeden Tag

Lieder

singen sich deine Seele hoch

finden sie

und sie stürzen sich auf dich

doch es gibt auch die anderen

die dich akzeptieren

als Mensch

und eine von ihnen

mag dich

das bin ich

Straßen der Kindheit verstaubt

Erinnerungen wach

mit einem Ast in der Hand

sangen wir am Straßenrand

und fühlten uns wie Stars

unser Publikum

waren die vorrüberfahrenden Autos

heute wären es viel mehr

falsche Zeit

falscher Ort

wie das Leben manchmal spielt

Fange an

dein Lied zu schreiben

was wird es uns erzählen

Vom Suchen und Finden

vom Glücklichsein

weil es da einen Menschen gibt

der dir viel bedeutet

Schreibst du deine Zeilen

am Himmel hoch

lässt du auch

damit ein Flugzeug fliegen

könnte ich sie besser sehen

Weht der Wind auch mal

von wo anders her

meine Segel

setzte ich weil ich an mich glaube

dann bleibt das Schiff im Hafen
und wartet ab

egal was ist

bin ich auf dem weiten Meer

sehe ich auch keine Wolken mehr

geht es weiter

bis der Wind sich wieder dreht

ich bleibe bei mir

und ankere mich in mir

auf dem Meer der Unendlichkeit

bis es für mich wieder weiter geht

186

Im Süden

ein Hauch von einem anderen Leben

manchmal

wenn der Wind günstig steht

weht ein süßer Duft nach Norden
der mir erzählt

dann weiß ich manches Mal nicht
mehr was ich fühlen soll

vergaß mich auch schon

doch fand ich mich wieder

keine Worte sprachen mit mir

nur ein Seelengefühl

Sprich mit mir

so als wären wir uns bekannt

Fragen

ob das Gefühl in uns

auch unser war

blieb unbeantwortet für lange Zeit

bis du die Angst besiegtest

auf einmal

war alles klar für uns zwei

Wenn es dich nicht mehr so gibt
was erzähle ich meiner Seele
fühle etwas Angst
doch glaube heute
dass es besser wäre
und würde ich dich fragen
würdest du mir antworten
und wie würde die Antwort lauten

Immer wieder

streng dich an

ich bin dran

doch glaube ich

es ist doch kein Wettbewerb

Gefühle

möchten gesehen werden

und erkannt

und frage ich mich

was ich fühle

wenn ich an dich denke

Angst die du fühlst

meine Gefühle

fragen sich nur

warum

bin ich der Grund

ich helfe dir

sobald du für dich fühlst

das es richtig wäre

Farbenmeer

im Wellentanz

Gefühle

schweben umher

wir fangen sie ein

und malen uns an

lassen sie leuchten

weil sie zu uns gehören

Pinselstriche

immer mehr

sprechen in Farbe

Pigmente

stechen heraus

erzählen auf ihre Weise

die Höhen des Lebens zu verstehen

Deine Gefühle wollten mehr

doch sie trauten sich nicht näher

kein Grund

Trübsal zu blasen

alles hat seinen Grund

schau auf mich

wie ich tanze

Immer noch derselbe

was ist mit den Jahren

die bereits vergangen

hast du noch nicht verstanden

was dir begegnet ist

Ich stelle nichts in Frage

frage mich allerdings

wo mein Herz war

als ich dich sah

und als er mich das fühlen lies

fragte ich mich

was er mir damit wohl sagen will

drehte mich um

und tanzte wieder

Frage mich

und ich sage dir was ich weiß

das war ein Gefühl

von irgendwo her

neugierig aufs Leben

traute ich mich

und als ich es hörte

verlies er mich

nichts

würde mehr sein wie vorher

und doch konnte ich nicht anders

und tanzte

in meiner Welt weiter

als wäre nichts geschehen

Hole dir

einen Menschen

der dir etwas

verständlich machen kann

niemand

wird mit dir

im Kummer leben wollen

wenn nicht du das tanzen lernst

Meine Seele

braucht Licht und Liebe

und kannst du das nicht schenken

mach ich sie für dich zu

meine Gedanken sind manchmal
vielleicht zu viel bei dir

obwohl

ich das gar nicht so will

meine Gefühle

sprechen Liebe

schon lange nicht mehr

und deswegen

bleibe ich bei mir

Du warst zu laut da draußen

zu viel

was nicht zusammen gepasst hatte

Gefühle die groß

wurden ganz leise

und heute

ist nichts mehr zu hören

Liebe im Gepäck

und doch trägt es sich ganz leicht

Deine Farben

sie winken mich in dein Leben

zu schüchtern

traute ich mich nicht

ich wartete ab

und du küsstest mich

es war wie im Zauberland

und doch war ich

noch in meinem Leben

das blieb auch so

weil ich fühlte

es ist ein Spiel von dir

Aber

wenn du kannst tanze

und wenn du es fühlst

liebe

deine Welt

ist bunt und dreht sich

nicht im Kreis

keine Wahrheit

schmerzt so sehr

wie eine Liebe

die keine war

aber

auch du wirst es überstehen

deine Lügen

ich lebe sie nicht mehr

meine Wahrheit

macht mich gesund

Wenn

die alten Geschichten verblassen

neue Gedanken

sich zeigen in Farben die leuchten

du dich im Wandel deiner Selbst
nicht mehr drehst

weil du deine Gefühle verstehst

in deiner Welt

die Hauptrolle nicht spielst

sondern lebst

wird es anders sein

als je zuvor

weil die Welt

sich nicht mehr um dich dreht

sondern du dich um die Welt

die du kennen lernen möchtest

und

wie könnte es anders sein

es ändert sich nichts

bist du nicht bereit dafür

Niemand

kann mich ändern

mich

für seine Gefühle missbrauchen

nur dieser Mensch selbst

kann sich verändern

um seine Ohnmacht

die er nicht versteht

anders zu betrachten

das gilt für alle Menschen im Leben

Lass doch

das Betrachten ungesehen

es ist unerwünscht

wie viel

Mensch ist in dir

der sich ehrlich traut zu fragen

wenn er eine Antwort wünscht

Eine Ewigkeit

mit dem richtigen Menschen

an seiner Seite

viel zu kurz

Manchmal

lesen wir Worte

sie sprechen

in übertragenen Bilderrätseln

und fühlt etwas anderes

doch jeder meint

sie genau zu verstehen

das ist gut

weil es so

jedem auf seine Weise helfen kann

obwohl

es durchaus sein kann

vielleicht

keiner von uns sofort versteht

was wirklich gemeint ist

Unser Band schon lange hält

weil wir miteinander reden

was uns auf dem Herzen liegt

was uns

am anderen manchmal

nicht gefällt

so entdecken wir uns

und unsere Liebe

immer wieder neu

und ich finde das schön

In manchen Stunden

entdeckte ich mich selbst neu

gewann an Einsicht

und es war gar nicht so schlimm
wie gedacht

Vielleicht

sprach ich mal zu leise

vielleicht

rief ich mal zu laut

vielleicht

war mir manches peinlich

vielleicht

hatte ich mir zu viel zu getraut

vielleicht

bin ich nun etwas lauter

vielleicht

rufe ich nur nach mir

vielleicht

ist mir nichts mehr peinlich

vielleicht traue ich mir zu

was ich spür

vielleicht

war gestern

und

vielleicht

ist auch heute

ob es auch morgen sein wird

ich werde sehen

Im Fluss des Lebens

da schwimme ich

manchmal

stand ich auch am Ufer

dann brauchte es Zeit

das zu verarbeiten

was ich im Fluss lernte

Es ist unsere Zeit

die wir nutzen

es ist unsere Zeit

die wir leben

es ist unsere Zeit

weil wir uns lieben und verstehen

ehrlich miteinander umzugehen

Straßen

zeigen sich nun im Licht

Kreuzung passiert

schwer war es

aber es hat sich doch gelohnt

Mut

wächst mit jedem Tag

Gefühle geheilt

jetzt

frei für das was wirklich zählt

Wie du es auch drehst

und wenden magst

wie du es auch fühlst und spürst

nichts von dem

muss es wirklich sein

solange da niemand ist

der es dir bestätigt

Wenn Freiheit

dir alles bedeutet

Und deine Sicht auf die Dinge

sich nicht ändert

Gefühle sich verlieren

weil du dich nicht mehr spürst

dein Weg

dich nicht weiter bringt

du dich vom Leben

betrogen fühlst

was ist dann

diese Freiheit wert

Gedankenkontrolle

manchmal

ist sie angesagt

damit diese Gedanken

nicht in das Gefühl finden können

Die Bilder eines Tages
sie finden am Abend zurück
aus deiner Seele zu dir
glaubst du manchmal auch
die Zeit heilt alle Wunden
es ist nicht immer leicht
doch es sollte so sein
es gibt dich nur einmal im Leben

Weint der Himmel

klopft der Regen

an die Fensterscheiben

wache Blicke sehen nach draußen

lass doch den Regenschirm

in der Ecke stehen

und tanze einfach

unter dem Himmel

unter dem du wohnst

auch wenn du allein das nur tust

es wird dir etwas erzählen

und wenn deine Seele

im Regen weint

es wird niemanden geben

der es sehen kann

doch sie wird dann

freier fühlen können

und alles ist gut

wenn du es so willst

ist es ein Weg

Was ist das

mit der Wahrheit

wer weiß

wo sie wohnt

entdeckt man sie

fühlt sich mancher nicht gut

ein anderer wieder besser

und ich fühle

sie ist mein Freund

Seine Fragen an die Welt

wem stellt er sie

kein Kontakt

war seine Devise

sie hat es akzeptiert

und ging

warum weint er nur

was wollte er ihr nur beweisen

sie stellte ihm keine Fragen

wie auch

doch

was ist für ihn die Wahrheit

wie konnte er

nur so mit Gefühlen umgehen

sie weiß es nicht

und zerbricht sich

schon lange nicht mehr
ihren Kopf darüber

Warum

schenkt er keine Erklärungen

warum

hört er nicht zu

wenn sie andere abgeben

wer hat ihm erzählt

dass das richtig wäre

ich glaube

er ahmt nach

vielleicht

war er auch froh das er es so hörte

passte gut in seinen Kram

Erklärungen

tragen dazu bei zu Wachsen

doch nur

wenn man auch bereit ist dazu

vielleicht

denkt er einmal darüber nach

es ist doch nie zu spät

etwas zu ändern

wenn es dann

in die richtige Richtung geht

Wenn alles Rot

am Abend im Meer versinkt

die Sonne sich schlafen legt

die Wellen

im Dunkeln zum Ufer finden

die Brandung

sich laut durch die Nacht bewegt

ist mancher Traum älter geworden

und hat man sich selbst nie verloren

ist es immer noch möglich

das er sich erfüllt

Ein Hauch von Freiheit
ist immer noch in deiner Seele
er weht dir ins Gesicht
und erzählt von Liebe
bis der letzte Hauch verweht
und du dich der Liebe stellst

Was ich nicht wusste war

das es jemanden gibt

der mich nicht mag

wie fühlte sich das für mich an

vielleicht

fragtest du dich das

ich weiß es nicht

manchmal

glaubte ich schon

das gibt es doch nicht

doch wie du dich gabst

war es wohl wirklich so

und ich nahm meine Jacke

blickte immer wieder zu dir zurück

doch du bliebst dir treu

und heute weine ich nicht mehr

doch es blieben Fragen offen

und keiner außer du
könntest mir die Antwort geben
doch dein Blick
bleibt wohl für immer
von mir abgewandt
das finde ich so schade
aber auch
das hat einen tieferen Sinn

Es gibt auf dieser Welt

Menschen

die nicht leben lassen können

die bunten Farben

als Angriff verstehen

sie wollen nicht lernen

doch

sie gehören auch auf diese Welt

wie werden sie lieben lernen müssen

damit es besser wird

und alle Menschen

friedlich leben

Hast du schon einmal

einen Engel gesehen

seine Flügel sanft berührt

ihm erzählt

von deinen Träumen

die du auch fühlst

hat er dich schon einmal

in seinem Chor mitsingen lassen

doch es klang auf einmal

wie verkehrte Welt

er nahm dich jedoch

fest in seinen Arm

und lies dich fühlen

das wird schon noch

fühltest du dich so geborgen

in seiner Nähe

warst auf einmal

nicht mehr so allein

aller Schmerz deiner Seele

war aufgelöst

und fand nicht mehr zu dir zurück

hast du auch schon einmal

einen Engel berührt

Was soll ich dir noch sagen

es waren doch so viele

ich kann mich das nicht fragen

mein Vertrauen

in dich einfach versagt

es tut mir leid

es waren für mich

zu viele Lügen

die Wahrheit

fühlt sich für mich anders an

was soll ich dir noch sagen

ich schrieb dir einst

doch deine Antwort war zu deutlich

ich kann dich so nicht verstehen

Manchmal

fühlte ich deine Tränen

deinen Schmerz

tief in deiner Seelen

fühlte auch

das es sehr schwer sein muss

denn du wolltest nicht wachsen

dabei sagt man doch

Wachsen schmerzt

ich weiß gar nichts mehr

Gebe alles ab
fang einfach noch einmal an
lass die alten Träume fallen
begrüße jeden neuen Tag
mit einem Lächeln
Gefühle
drehten sich im Kreis
jetzt geht es nach vorn
mit dem Mann
der nur zu mir gehört
dem meine Liebe
wirklich etwas bedeutet
keine Spiele
sondern Liebe pur
jetzt oder nie
und schon geht es los
es ist verrückt

238

was ich so alles fühle

Keine alten Geschichten bitte

ich möchte ein zu Hause

wo ich fühle

das ich auch hingehöre

wo man sich freut

auf mich

und ich mich glücklich fühle

Es ist die Zeit der Veränderung

der Wind weht schnell

nichts bleibt am selben Fleck

alles hat einen tieferen Sinn

meine Gefühle wissen es bereits

unser Leben ist nicht zu Ende

nein es fängt gerade erst an

ganz egal

was auch war

es wird schöner werden

das fühle ich schon

Du warst mir nie begegnet

dafür war ich dir zu fremd

meine Liebe zog wohl an dir

bis das Band das unsichtbar war

getrennt am Boden lag

deine Gefühle erzählten mir

doch dein Gesicht fehlte

nichts für mich

das war nicht die Wahrheit

die ich wollte

Gerade geht es nicht weiter

du bist mit dir beschäftigt

was auch richtig ist

doch aus einem falschen Grund

du glaubtest

du interessiertest mich nicht

hatte nur Augen für andere

die gut waren

ja vielleicht

hattest du auch recht damit

doch du warst derjenige

der sich nicht

auf mich einlassen konnte

anscheinend

bedeute ich dir als Mensch nichts

darum machst du ganz schön viel
Tam Tam

wie soll ich das bitte verstehen

Auf den ersten Blick

so schön

auf dem zweiten

doch schwierig

wie wäre es denn

wir verständigen uns so

du ziehst deine Gefühle zurück

Erwartungshaltungen

sorgen für Ärger

für den der sie pflegt

Die hellen Farben deiner Seele

male sie heute noch in die Welt

strahlend helle gelbe Sonnen

sprechen laut

von dem was zählt

keine Fragen

bleiben offen

Pinselstriche

zart und stark

erkläre dich dem Leben bitte

die Antwort

hast du aufgemalt

Heute Nacht

sah etwas liebes nach mir

sanft

wurde meine Angst genommen

meine Arme

nicht verschlossen

fühlte ich

eine sanfte Berührung

es war ein Engel

in der Nacht bei mir

Die Nachrichten meiner Seele

sie erzählen mir von Liebe

Liebe

die auf dieser Welt

ihren Platz sucht

wo sie für immer wohnen kann

manchmal

frage ich mich dann

wo könnte dieser Ort sein

an dem alle Menschen

sich verstehen

dann fällt mir nur das Herz ein

ein Herz

das in jedem Menschen schlägt

sich jemanden wünscht

der es versteht

die Welt braucht Liebe

248

wann verstehen wir das

Diese Welt

sie singt in verschiedenen Tönen

mancher Ton ist dunkel

und den mag ich nicht hören

und doch gibt es ihn

ich mag ihn nicht sehen

mit meinen Augen

und doch fand es statt

fragte ich mich

woran es lag

fühlte ich die Antwort tief in mir

ich muss aufstehen

und sagen was richtig ist

und das sollte auch jeder andere tun

nur die Liebe darf siegen

250

Du schaust

aus deinen engen Gefühlen

brennst darauf

die Welt zu erobern

alte Wege

führten dich zu einem anderen Ziel

das du noch nicht erreicht hast

aber

das du immer wieder anvisierst

mutig bist du

wie du das nur machst

du schaffst es

und schaust du in den Spiegel

hast du gut lachen

die Liebe hat gesiegt

Es gab keine andere Option

nur das Leben hier

Flucht nach vorn von Anbeginn

wie schwer das manchmal war

du könntest viel davon erzählen

keine Kompromisse immer zu

ein Gefühl von dir

das dich irgendwann zweifeln lies

nun lebst du in einer Freiheit

die du selbst gewählt

Liebe

für dich ein Wort

doch die Bedeutung dessen sie fehlt

wie wirst du dich entscheiden

noch hast du Zeit dazu

es ist ein Band mit zwei Enden

und an einem nur

kannst du ziehen

doch bedenke gut

nur die Liebe

lässt auch dich glücklich werden

Wenn es nicht mehr geht

wird man verstehen müssen

das etwas gegangen ist

das fehlt

um glücklich zu sein

Manchmal

erzählten die Herzen

einen Liebesfilm

manchmal

fragte ich mich dann

wo habe ich das

schon einmal gesehen

es fiel mir ein

vor langer Zeit

mein eigener Film

kennst du das

dabei war es Schauspielkunst

wie im Film den ich sah

mein Herz so ent-täuscht

doch es blieb nicht gebrochen

denn dann kam er

heilte es mit seiner Liebe

die immer noch lebt

Es war so verrückt

er hatte nur sie im Blick

erzählte seine Geschichte

keine Wahrheit

war gut genug

manche Dinge

kann man eben nicht verstehen

dabei fühlte sie eine Lüge

doch sprach er selbst die Wahrheit

war sie nicht mehr

an ihm interessiert

Älter an Jahren

doch das Gefühl

noch viel zu jung

niemand

kann es wohl ahnen

doch ich weiß Bescheid

noch jünger an Jahren

doch das Gefühl

schon so alt

niemand

kann es wohl ahnen

doch ich weiß Bescheid

Runde Elemente

sie strahlen in bunten Farben

trägt sie an ihrem Armgelenk

manchmal spielt sie auch damit

sie bewegt sich dann in einer Welt

die nur sie allein fühlen kann

ein Flügelschlag nur

und sie hebt ab

mit all ihren Träumen

sie fliegt über die große Welt

die ihr manchmal so fremd

bis sie jemand

aus ihren Träumen reist und fragt

an was denkst du

ihre Träume

fallen sanft zurück in sie

an nichts weiter

gesteht sie

dabei ist es eine Lüge

und eine Träne geht auf Reisen

sie reißt zu ihm

Keine Entscheidung

ist ein Chaos

die richtige Entscheidung

fällt noch schwer

wann wird es besser werden

was muss geschehen

damit wir uns wirklich verstehen

dabei wissen wir doch beide

wie es gehen kann

warum nur

ist es dann so schwer

zu akzeptieren

wie wir sind

Die Stille der Nacht
lässt viel verstehen
zwischen den Zeilen
kann man so viel lesen
das was man nie sagen wird
wie kann es dann anders werden
wenn man sich nicht traut

Verstehst du dich selber
sprichst du mit dir
über das was dich bewegt
hörst du dir dann selber zu
oder entschwinden die Worte
im Nirgendwo
fragst du dich manchmal
ob alles noch irgendwie normal wäre
ist es für dich ein Leben
in deinem Leben
und du gibst es nicht mehr her
vielleicht
ist es aber auch nur eine Geschichte
die du für deinen Auftritt brauchst

Meine Seele

Diamantenglanz

zu viel Licht für dich auf einmal

ich verstehe es nur nicht

doch wünschte mir

du würdest auch leuchten wollen

wenigstens

irgendwann einmal

Es hat sich doch gelohnt
war dein Weg auch schwer
du warst ihn gegangen
wie ein Mann

Hattest du dich auch manchmal
einfach nur so treiben lassen

dein Boot

auf dem großen Ozean

die Wellen zum Ufer hoch

deine Blicke fanden nichts

plötzlich

wurde alles wie neu in dir

alte Muster

verschwammen im Meer

dein Mut aber

hat dich neue erkennen lassen

und auf einmal

war es wieder ruhig

das Meer

die Wellen zum Ufer sanft

doch es führte dich

nicht mehr zurück
du warst aufgestanden

Vertrauen verspielt

durch unüberlegtes Handeln

ein zurück so schwer

vielleicht

kann es wieder wachsen

doch Ehrlichkeit

ist ein oberstes Gebot

das Beet

ist aber noch nicht bestellt

wie lange

so etwas doch dauern kann

hoffentlich

ist es nicht aussichtslos

Wenn

du die Angst siegen lässt

ist dein Weg

nicht zu finden

wenn

du das Falsche liebst

ist das

kein Weg

wenn

du die Wahrheit kennst

ist das Ziel

nur noch ein kleiner Schritt

vielleicht

auch zwei

doch du kommst dort an

wo es nur für dich

etwas zu tun gibt

Vielleicht

mache ich es in Zukunft anders

ich frage nicht mehr

woher du kamst

fühle dich

wie du jetzt vor mir stehst

mich interessiert nur

hast du gelernt

aber

etwas passt da nicht zusammen

Es ging nicht mit

es ging nicht ohne

keine Ahnung

was das war

Gefühle

fuhren Achterbahn

dabei

gab ich sie dir doch

auch schon einmal zurück

fragte dich

was soll das nur werden

Glücklichsein

wie ein Kind

aber

wir waren doch schon groß

hieltst du fest

lies ich sie los

um umgekehrt

keine Lösung war in Sicht

dabei gefielst du mir gar nicht

mit deiner Art

und ich war dir egal

so glaube ich immer noch

Liebe

fühlt sich doch anders an

Liebst du wirklich

hättest du keine Zweifel

liebst du über alles

nimmst du Fehler auch in Kauf

keine Liebe

das geht aber auch nicht

musst du dich nur

an mich gewöhnen

wie furchtbar das doch klingt

fühlst dich manchmal so zerrissen

ein Teil in dir

möchte mich vergessen

der andere jedoch

kann es nicht

weil ein Teil von mir

doch noch an dir hängt

und du nicht weißt

wie du dich retten kannst

dann beginne zu verstehen

was das wohl ist

mit den Gefühlen

die nichts beweisen für mich

vielleicht

sollte eine Klärung sein

damit wir beide endlich verstehen

Auf deinem Weg

gehst du oft allein

keiner der dir nah

scheint mit dir unterwegs zu sein

wie fühlst du dich

in diesen Zeiten

erinnerst du dich dann

das es jemanden gibt

dem es ähnlich geht

Gefühle

erzählen dir

doch es sind Geschichten

der Vergangenheit

wie kannst du

dann die Zukunft sehen

deine Stimme

immer noch zu leise

ich glaube

du brauchst einen Stups

der dich nach vorne bringt

vielleicht

bin ich das bei dir

und dann gehst du in deiner Spur

auf deinem Weg

In deiner Seele
Aufbruchstimmung
du hast es begriffen
es geht für dich
an einen anderen Ort
der besser zu dir passt
keine veralteten Strukturen
alte Krusten aufgebrochen
neue Wege zeigen sich

Du suchst dich

in den Nächten

die helle Stadt

sie bietet offene Lokale

Frauen lächeln dir zu

du bist hin und weg

dabei fühlst du längst

sie werden nicht bleiben

weil du immer wieder gehst

du kannst doch nicht lieben

wer am ersten Abend

schon mit dir geht

und außerdem

liebst du dich nicht

deine Gefühle

sind für Männer gemacht

278

Schreibe deine Schmerzen auf

verbrenne das Papier

lauf endlich in deine Richtung

was die anderen dir auch erzählen

erkenne dich selbst

an einem Tag wie heute

ist das doch möglich

Schon lange

lebst du ein falsches Leben

deine sogenannten Freunde

schreiben mit dir

so als wäre das normal

was macht das mit dir

lachst du sie aus dafür

du selbst belügst dich

seit Jahrzehnten schon

und da brauchst du andere

die das auch so tun

warum

hast du noch nicht gelernt

Du warst immer

der Mittelpunkt

vieles

drehte sich nur um dich

sie sahen

nur zu dir

wollten

dich nicht missen

zu beschäftigt

mit dir selbst

schenktest du ihnen

nichts von dem

doch dann gab es eine

bei der du dich fühltest

und alles war anders

sie lies sich nicht täuschen

machte dasselbe mit dir

wie du mit den anderen

jetzt kommst du nicht mehr los

dabei hat sie schon jemanden

den sie liebt

Gott sah wohl

und meinte

Junge das war ein Fehler zu viel

Auf der Tapete

an der Wand

Sprüche für jede Lebenslage

du hast die Nase voll

man reibt es dir dann

noch unter diese

du setzt dich am Tisch

einfach anders herum

doch auch da siehst du sie

mein Gott

was haben wir uns nur gedacht

waren wir einmal offen

sind wir jetzt verschlossen

und lesen

den ganzen Scheiß an der Wand

renovieren den ganzen Spaß

keine Lust

macht sich breit

dann doch lieber raus

aus den vier Wänden

und frische Luft schnuppern

bis wir wieder offen sind

und das alles

wegen der Sprüche an der Wand

Was denkst du

schaust du in den Spiegel

hast du gedacht

ich weine um dich

und wünsche dich zurück

du bist doch ein großer Junge

und weißt

dass das so nicht funktioniert

nicht bei mir

was denkst du

schaust du dich um

es war eine schöne Zeit

manchmal

empfinde ich es auch so

doch dann schaue ich

wieder nach vorn

und fühle

so ist es richtig

für mich

Du fühlst

ich bin lustig

ich glaube

du meinst humorvoll

du fühlst

ich bin impulsiv

ich glaube

du meinst begeisterungsfähig

du fühlst

ich bin traurig

ich glaube du meinst

ich bin ent-täuscht

du fühlst ich bin stark

ich glaube

du meinst ich bin einfach nur

ehrlich

du fühlst
ich bin nicht liebevoll genug zur dir
ich glaube
ich spiegele dich nur

Eine Zeit später

fand ich mich wieder

mein Haar trag ich

wieder wie es einmal war

nichts erinnert mehr an dich

sehe ich noch die Bilder

vor ein paar Tagen

dann frage ich mich doch

was hatte er nur mit mir gemacht

doch ich denke nicht mehr

darüber nach

Du warst nie wirklich

in meinem Leben

und doch warst du da

manchmal

fühlte ich mich glücklicher denn je

doch dein Blick nur für dich

machte es für mich nicht erträglich

dein Tun im Internet

lies meine Gefühle für dich

für immer gehen

vielleicht

so glaubte ich schon

war es von dir auch so gewollt

du zeigtest dich wie du warst

doch es machte mir Angst

du hast andere für dich benutzt

ein Teil

deiner Familie klatschte dazu

das war für meinen Geschmack

zu viel

Noch nie
war ich so mutig
wie bei dir
lasse dich
nun einfach so wie du bist
interessiere mich nicht mehr
für dein Leben
weiß nicht was du
von meinen Gefühlen nur willst
sie haben sich längst entschieden
für einen
der auch bei mir ist
sei doch auch du nun mutig
lasse sie gehen
meine Gefühle
haben nichts mehr gemein
mit den deinen

292

es war zu viel geschehen
das mich hat umkehren lassen

Du bist ein Gefangener

deiner eigenen Fantasie

doch die Welt

findet wirklich statt

wenn nicht mit dir

dann auch ohne dich

es wird dich jemand vermissen

wenn auch du dich liebst

und du wirst

den anderen Menschen

zum Strahlen bringen

so wie er dich

Wenn die Tage die du zählst

messerscharf getrennt sind

von dem was du wirklich möchtest

wie hast du gelebt bisher

was waren die Stunden wert

die du ungeliebt

verstreichen lassen hast

es gibt immer einen Weg

der dich führt

in das Licht das dich tanzen lässt

es ist nicht

das Kleinhalten der anderen

das wirst du schon begriffen haben

es ist die Veränderung in dir

die sich Bahn brechen möchte

lass es zu

und du wirst dein Leben finden

das zu dir gehört

über seiner Welt

gestern noch

eine Wolke aus Traurigkeit

nun ein weißer Schleier

der sich federleicht

in Freiheit hin zum Licht bewegt

neu geboren an einem Tag

der so viel verspricht

von dem was er schon lang vermisst

doch wird er mutig genug sein

das auch zu leben

Du warst gefallen
standest auf
doch lerntest du auch
ich konnte es nicht sehen

Er spricht nicht mehr mit ihr

laute Worte verhallt

seine Gefühle

Achterbahn

heute vermisst er sie

morgen

ist wieder ein anderer Tag

was hat er nur

mit sich machen lassen

sein Gefühl

wohnt es in ihm

manchmal

fühlt sie nein

manchmal

fragte sie sich

ob er überhaupt je eines hatte

299

Wer ist er

sieht er

wenn jemand im Regen weint

kann er von sich sagen

er ist ein Mann

ohne wenn und aber

wenn er liebt

und kann er erkennen

wenn es Zeit ist

für ihn zu gehen

ohne ein Gefühl

des Zorns zurück zu lassen

um seinen eigenen Weg zu finden

Erzählt mir jemand v
on seinen Leben
höre ich gespannt zu
vielleicht
kann ich noch etwas lernen
erzählt mir jemand
von seinem Leben
darf er das tun
nur keine Lügen
ehrlich soll es sein
Fehler darf er machen
doch auch dazu stehen
und es in Zukunft besser tun
und wenn er fragt
nach meinem Leben
werde ich ihm erzählen
von meinem Weg

von Schmerz und Betrug
und wie ich doch
die Liebe fand

Manchmal

kamst du mir vor wie ein Hafen

viele Schiffe kamen

und legten wieder ab

du beherbergtest sie

und hast ihnen zu gewunken

wenn sie auf Reise gingen

doch keine Träne

weintest du ihnen nach

obwohl

keines der Schiffe je zurückgekehrt

doch immer wieder

neue zu dir fanden

ich hatte dich nie verstanden

Von Marion Jana Goeritz ebenfalls beim
Verlag BoD erschienen (BoD Books on
Demand, Norderstedt, nähere Informatio-
nen finden Sie unter www.BoD.de)

„Liebe für die Seele Band 1"
ISBN 978-3-7357-4045-8

„Liebe für die Seele Band 2"
ISBN 978-3-7357-7734-8

„Seelenweiß"
ISBN 978-3-7347-5769-3

„Seelen essen Liebe gern"
ISBN 978-3-7347-8706-5

„SeelenEngel" ein spiritueller Erfah-
rungsbericht
ISBN 978-3-7386-2588-2

„SeelenSchlüssel"
ISBH 978-3-7386-3844-8

„Seelenfarben"
ISBN 978-3-7386-3947-6

„Seelenschimmer"
ISBN 978-3-7386-4014-4

„Seelenfinden"
ISBN 978-3-7386-4037-3

„Ein Gefühl meiner Seele"
ISBN 978-3-7386-1506-7

„Seelenfrieden" Danken, Bitten, Entspannung ein persönlicher Erfahrungsbericht
ISBN: 978-3-7386-4884-3

„Seelenweihnacht"
ISBN: 978-3-7386-5616-9

„Im Land unter dem Regenbogen" Wunderbare Märchen und unglaubliche Geschichten
ISBN: 978-3-7392-0115-3

„Freddy und seine Geschichten"
ISBN: 978-3-7386-3321-4

„SeelenWorte"
ISBN: 978-3-7392-0455-0

„Herzanker"
ISBN: 978-3-7392-3482-3

„Im Fluss der Liebe"
ISBN: 978-3-7392-3489-2

„Seelenklänge"
ISBN: 978-3-7392-3532-5

„Liebeslied"
ISBN: 978-3-7392-3548-6

„Wahre Traumtänzerin"
ISBN: 978-3-7392-3556-1

„Emilia Sommerfeld"
ISBN: 978-3-7392-3787-9

„Für mich war es Liebe"
ISBN: 978-3-8423-5362-6

„Kaleidoskop"
ISBN: 978-3-8423-5738-9

„Die verzauberte Wiese"
ISBN: 978-3-7412-0772-3

„Seelenbrücke"
ISBN: 978-3-7412-0890-4

„Wetterleuchten"
ISBN: 978-3-7412-2740-0

„Zentrifuge"
ISBN: 978-3-7412-4011-9

„Für Dich"
ISBN: 978-3-7412-4018-8

„Hannos Geschichten"
ISBN: 978-3-7412-9373-3

„Das Eulenherz"
ISBN: 978-3-7431-0009-1

„Eine Reise irgendwo hin"
ISBH: 978-3-7421-0042-8

„Ist das wirklich wahr?"
ISBN: 978-3-7431-1549-1

„Stille Momente"
ISBN: 978-3-7431-1586-6

"Engelszwirn"
ISBN: 978-3-7431-1594-1

"Anders"
ISBN: 978-3-7448-3582-4

"Wenn es spricht"
ISBN: 978-3-7448-3583-1

„Jonas und die Himmelsleiter"
ISBN: 978-3-7448-5452-8

Weitere Informationen zu Neuerscheinungen finden Sie immer auf meiner Seite

www.buchkaleidoskop.Reikipraxis-Goeritz.de